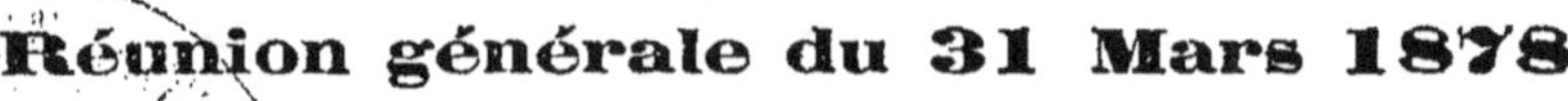

Réunion générale du 31 Mars 1878

RAPPORT

LU PAR

M. Stéphane BAYLE

PRÉSIDENT DU COMITÉ.

Clermont-Ferrand

IMPRIMERIE CENTRALE. — MALLEVAL

8, Avenue Centrale, 8

1878

RAPPORT

lu à la Réunion générale du 31 Mars 1878

MESSIEURS,

En inaugurant la première réunion générale des membres du Comité catholique d'Ussel, je crois qu'il est pour nous tous un premier devoir, un devoir impérieux, c'est de remercier Dieu, d'abord de nous avoir choisis pour ses ouvriers dans ce grand travail de régénération sociale et chrétienne, appelée Œuvre des cercles, et en second lieu d'avoir récompensé nos premiers efforts par des grâces abondantes et quelques succès appréciables.

Il est un autre devoir pour moi, c'est de constater ici le noble et généreux concours que vous tous avez apporté à la fondation de l'Œuvre et l'empressement avec lequel chacun a répondu à notre appel toutes les fois que les circonstances l'ont exigé. Aujourd'hui même, grand nombre d'entre vous, pour assister à cette fête de famille ont quitté leur foyer et leurs occupations, ont affronté les difficultés d'un voyage long et fatigant. Au nom de leurs confrères du Comité et du Cercle, je les remercie de cette nouvelle preuve de zèle et de dévorement.

Quelques-uns d'entre vous, plus gravement empêchés, nous ont fait savoir qu'à leur grand regret, ils ne pouvaient se rendre à Ussel pour la fête de notre glorieux patron, saint Joseph.

Mais si nous avons à déplorer leur absence, nous avons aussi la consolation de savoir qu'ils sont au milieu de nous par le cœur et la pensée. C'est une large compensation à la peine que nous éprouvons.

Messieurs, les instants qu'il nous est donné de passer ensemble, sont très-courts, beaucoup trop courts, je vous demanderai donc la permission d'aborder sans plus de préambule, les questions qui doivent être agitées dans cette séance. Quoique peu nombreuses, elles sont néanmoins complexes et d'importance majeure. Afin d'en faciliter l'étude, nous allons en tracer nettement la division en deux parties : la première comprendra tout ce qui a été fait par le Comité depuis le jour où il a commencé à fonctionner jusqu'à aujourd'hui, et la seconde, ce qui lui reste à faire pour assurer à notre Œuvre un avenir certain, lui faciliter ses moyens d'action, accroître son influence et favoriser son développement.

La première partie offre naturellement très-peu de difficultés. Un rapport établi au moyen de procès-verbaux de nos séances hebdomadaires, vous tracera fidèlement l'historique des phases par lesquelles nous avons passé. Mais la seconde, sur laquelle j'appelle spécialement votre attention, demandera sans doute une étude toute particulière. Nous aurons à apprécier l'opportunité des mesures mises, jusqu'ici à exécution, à élaguer celles reconnues inutiles, à modifier l'application de quelques-unes et enfin à en introduire de nouvelles, suggérées par l'expérience acquise.

Pour cela Messieurs, nous avons besoin des lumières et du bon vouloir de tous. Rien de tout cela ne nous fera défaut, j'en suis convaincu. Nous allons donc, si vous le voulez bien, commencer par la lecture du rapport.

Messieurs, je vais passer rapidement sur tout ce qui a trait à l'installation de l'Œuvre à Ussel. Il serait superflu de consigner ici ce que vous savez déjà, c'est-à-dire comment le Comité s'est organisé, quels ont été ses débuts, ses tâtonnements, ses diverses tentatives. Vous savez tous que le 17 février 1876 une première réunion fut tenue au presbytère sous les auspices du R. P. Deschamps, que dans cette réunion, la création d'un Comité catholique fut arrêtée en principe, que dans les séances suivantes on procéda successivement à la formation d'un bureau, à la nomination de ses membres et à la fixation du chiffre de la cotisation, soit douze francs par an payables par semestres.

Il fut décidé en outre que le Comité se réunirait une fois par semaine, le dimanche, à 5 heures du soir.

Le bureau fut constitué comme suit:

Président d'honneur, M. GRAFFEUIL, curé ;
Président, M. BAYLE ;
Vice-Président, M. de SAINT-FÉLIX ;
Trésorier, M. CHORIOL ;
Secrétaire, M. G. DE TOURNEMIRE ;
Vice-Secrétaire, M. DOMBROWSKI.

Le Comité comptait 15 membres. M. l'abbé Gillet, alors vicaire à Ussel, voulut bien accepter les fonctions d'aumônier.

Dans la séance du 2 avril, il fut convenu que deux réunions générales auraient lieu chaque année : la première, le 19 mars, fête de saint Joseph, patron des Cercles ouvriers, et la seconde, dans le courant du mois d'août, à l'époque la plus rapprochée de la fête de l'Assomption.

Je me permettrai, Messieurs, de vous faire observer en passant que si nous ne nous sommes pas conformés cette fois aux termes de la décision rappelée ci-dessus, c'est que nous avons tenu à cœur de pouvoir célébrer avec tous nos confrères de France la fête des Cercles fixée par le Comité central au 31 mars. J'espère que vous ne désapprouverez pas cette modification toute naturelle.

Dans la même séance, M. le curé fut chargé de vouloir bien s'entendre avec le conseil de fabrique et la confrérie des Pénitents pour que la chapelle affectée au service religieux de cette confrérie pût être mise à la disposition du Comité les jours de fête, et qu'au besoin la sacristie servît de lieu de réunion.

J'avais oublié de vous dire, Messieurs, que sur l'instigation de l'un de ses membres, le Comité avait cru devoir, avant de s'occuper d'autre chose, envoyer une Adresse à Monseigneur de Tulle pour lui demander de vouloir bien encourager nos efforts par sa bénédiction apostolique.

La réponse de notre vénéré Prélat ne s'est pas faite attendre et nous conservons soigneusement dans nos archives ce témoignage authentique de sa bienveillance.

Sur ces entrefaites, le congrès général des Cercles, ayant lieu à Paris, les 10, 11, 12 et 13 mai, MM. Choriol et Bayle furent désignés par le Comité d'Ussel pour le représenter à ces grandes assises annuelles où sont si vaillamment et si brillamment défendus par nos éminents confrères les intérêts les plus chers de la France et de la religion.

Je ne veux pas vous retenir trop longtemps, Messieurs, en faisant défiler sous vos yeux une foule de détails qui ne sont pas sans importance, c'est vrai, mais qui vous sont tous connus. Je me hâte d'arriver à ce qui vous intéresse davantage, c'est-à-dire à la création du Cercle.

Vous devez vous rappeler les nombreuses discussions qui ont été soulevées au sujet du local destiné à recevoir nos ouvriers. Après bien des démarches, bien des essais, le Comité fut tout heureux de pouvoir accepter la proposition d'un de ses membres, M. Choriol, qui avait pensé pouvoir affecter à cet usage quelques appartements d'une maison dont il est propriétaire et qu'il a louée à un tiers.

Grâce à son intervention et à celle de M. le curé, cette combinaison réussit complétement et moyennant la somme de 140 francs environ nous devînmes locataires d'un immeuble suffisant à nos premiers besoins.

On dut procéder immédiatement à l'aménagement des salles mises à notre disposition, faire faire les réparations indispensables, s'occuper de l'éclairage, du chauffage, de l'achat du mobilier, etc., etc. Plusieurs membres contribuèrent en prélevant sur leurs bourses, à nous procurer un assortiment de jeux assez considérable. Mais nous devons particulièrement des remerciements bien sincères à M. G. l'Ebraly, qui a bien voulu nous faire cadeau d'un billard. Le prix d'un tel meuble était exorbitant pour nos modiques ressources, et sans la générosité bien connue de notre confrère, il est évident que nous attendrions encore le moment favorable pour en faire l'acquisition.

Avant de procéder à l'ouverture du Cercle, une séance préalable eut lieu dans l'église des Pénitents où avaient été convoqués, autant que possible, les représentants de chaque corps d'état de la ville d'Ussel. Près de vingt personnes se rendirent à cette invitation dont le but était de faire connaître l'Œuvre aux ouvriers et la nature de leur association. La plupart d'entr'eux acceptèrent résolûment d'en faire partie, et le 5 novembre 1876 avait lieu l'inauguration du Cercle.

Dans sa séance du 28 mai précédent, le Comité avait désigné son président pour remplir aussi les fonctions de directeur. C'est en cette qualité, Messieurs, que je vais maintenant vous rendre compte de ce que nous avons fait depuis cette époque.

N'ayant au début pour toutes ressources personnelles que ma bonne volonté, j'ai dû nécessairement commettre pas mal de bévues, prendre des mesures inutiles, omettre les essentielles, ce qui est sans doute la cause réelle de l'état précaire dans lequel nous avons vécu longtemps. Peu à peu l'expérience est venue à notre aide ainsi que les conseils éclairés de nos confrères et amis. J'ai été puissamment secondé aussi, je le déclare, par le zèle et le dévouement de la majeure partie des ouvriers du Cercle, mais surtout par les avis et la coopération active de notre président d'honneur, M. le curé.

De telle sorte, qu'insensiblement notre édifice mal assuré a pris de l'équilibre et s'est assis sur une base plus solide.

Un règlement calqué en grande partie sur ceux affichés dans les Cercles de Paris nous a servi de guide au début. Plus tard un grand nombre d'articles ont dû être modifiés ou annulés par suite de nécessités purement locales, et nous vivons en ce moment sous un code non écrit, il est vrai, mais beaucoup mieux adapté à nos besoins, à notre tempérament, à nos usages.

En peu de mots, je vais vous en faire connaître les clauses principales :

Le Cercle est ouvert tous les jours de 7 heures 1/2 à 10 heures du soir, et le dimanche, à partir de 1 heure de l'après-midi.

Chaque premier dimanche du mois, nos ouvriers sont tenus, autant que possible, d'assister à la messe célébrée dans la chapelle des Pénitents et dite Messe du Cercle.

Au sortir de cette cérémonie le trésorier perçoit les cotisations.

Tous les dimanches, à 2 heures, a lieu régulièrement une conférence d'une demi-heure au plus, traitant soit un sujet religieux, ou historique ou scientifique, parfois même purement amusant, mais toujours imprégné de l'esprit de notre association.

La prière est faite en commun le soir à 9 heures par un des Messieurs de la cure et à leur défaut par le directeur.

Aux processions du Saint-Sacrement, les ouvriers l'accompagnent en corps revêtus de leurs insignes et précédés de leur bannière. J'ajouterai même ici que leur tenue aux dernières processions de la Fête-Dieu a fait l'édification de la paroisse.

En ce qui concerne les consommations, la bière seule est autorisée. Cependant nous tolérons quelquefois le café ou le punch lorsque la saison est trop rigoureuse.

Les réunions du soir sont suivies assez régulièrement par un certain groupe de fidèles ; et celles du dimanche, surtout au moment de la conférence sont en général très-satisfaisantes. L'esprit du Cercle est excellent et nous n'avons qu'à louer nos ouvriers de leurs sentiments de piété franchement accusés.

Le nombre des sociétaires s'est accru très-lentement, il est vrai, néanmoins nous sommes arrivés aujourd'hui à un chiffre relativement élevé eu égard au peu d'importance de la localité et aux défections des premiers jours (1).

Nous comptons aussi dans le Cercle des membres forains qui, lorsque le temps et leurs occupations le leur permettent, viennent prendre part à nos jeux et à nos exercices religieux.

En un mot, le Cercle se trouve actuellement dans des conditions favorables pour progresser à condition toutefois qu'on ne l'abandonnera pas.

Les ouvriers célibataires nous ont fait défaut jusqu'à présent, nous espérons pouvoir prochainement combler cette fâcheuse lacune et attirer au milieu de nous cet élément essentiel de vitalité par lequel nous attendrons plus facilement la génération qui nous suit.

Comme toutes les œuvres qui commencent, la nôtre a eu sa large part d'ennuis, d'attaques et de vexations. La mort même, cette impitoyable faucheuse est venue nous rendre visite et dans peu de temps nous a ravi trois membres, dont deux, les frères Chavaignac, faisaient partie du conseil d'intérieur. Je suis heureux de pouvoir rendre ici un juste hommage à la mémoire de ces deux fervents chrétiens, morts tous deux sur la brèche dans les plus admirables sentiments de piété et de résignation.

Reconnaissants de la sollicitude dont ils sont l'objet de la part du Comité, nos ouvriers, Messieurs, ont voulu vous offrir comme témoignage de leur bonne volonté et pensant vous être agréables, une petite soirée dramatique qu'ils ont préparée avec tout le zèle possible. Si leurs efforts trom-

---

(1) Le Cercle d'Ussel compte plus de 50 ouvriers inscrits.

pent leur attente, s'ils ne réussissent pas, ce qui est fort possible, à vous faire passer un moment agréable, soyez indulgents, Messieurs, c'est un début, et la prochaine fois ils feront mieux.

Tel est, Messieurs l'esposé succinct mais aussi exact que possible de la vie du Comité et du Cercle depuis l'époque où l'Œuvre a été implantée à Ussel. Si, considérant les résultats acquis, nous les comparons à ceux obtenus dans d'autres villes, nous sommes obligés de convenir qu'ils sont bien peu de chose et que nos désirs et nos espérances sont loin d'être réalisés.

Cela tient, Messieurs, à deux causes essentielles. La première, c'est que les ressources nous ont manqué souvent, et la seconde....., j'hésite à la formuler, mais nous sommes ici pour entendre et dire la vérité. La seconde, dis-je, c'est que l'Œuvre n'est pas suffisamment connue et étudiée.

Oui, Messieurs, je crois qu'aucun de nous, et je ne fais pas d'exception, n'a encore bien compris l'étendue et la portée de ses devoirs en s'enrôlant dans la milice des Cercles ouvriers.

Les uns et les autres, pour des motifs dont je ne veux pas mettre en doute la valididé, nous avons souvent récusé la part de travail qui nous incombait et l'Œuvre est restée en souffrance.

Passez-moi la comparaison. Les rouages de notre machine n'étant ni assez bien ajustés, ni intelligemment gouvernés, ni suffisamment huilés, nous avons souvent manœuvré à faux et dans le vide et le plus souvent encore nous sommes restés dans l'inertie la plus absolue.

Pour remédier à cet état de choses, il suffisait de vous le signaler. C'est ce que j'ai voulu faire aujourd'hui.

Vous ne l'ignorez pas, Messieurs, une association quelconque, et *à fortiori* un comité catholique ne peut vivre sans une action permanente progressive, sans un déploiement incessant de zèle et de force, l'indifférence et le repos sont mortels. Le travail sans répit est la condition *sine quâ non* de l'existence. Nous avons en main les éléments d'une réussite certaine, mais il faut les utiliser et leur imprimer une direction constante et éclairée. Il faut étudier sans relâche les règlements et instructions qui nous régissent, suivre, sans les perdre de vue, les agissements de nos confrères dans les grandes villes, profiter de leurs découvertes, de leurs améliorations, et surtout nous conformer autant que possible à la ligne de conduite qui nous est tracée par le Comité central de l'Œuvre dans la correspondance de notre chef de zone.

De crainte de l'oublier, je crois devoir recommander à tous les membres du Comité de se procurer les revues, bulletins, brochures, etc., concernant l'Œuvre et dont la publication périodique à la portée de toutes les bourses est de la plus indispensable nécessité.

Vous savez, Messieurs, que quatre branches principales de travail s'offrent à l'activité d'un Comité de Cercle catholique d'ouvriers: 1° la propagande ; 2° l'entretien du Cercle ; 3° les finances; 4° l'enseignement à donner aux ouvriers.

Le Comité d'Ussel se trouve en grande partie composé de membres forains pour lesquels les trois dernières branches sont d'un intérêt secondaire, leur éloignement du centre ne leur permettant pas de s'en occuper d'une manière suivie, nous n'avons fait figurer sur l'ordre du jour que la première, la propagande, nous réservant toutefois de placer les autres sur le terrain de la discussion si le temps nous le permet.

Je crois inutile de vous rappeler, Messieurs, que dans plusieurs séances, nous avons délibéré sur les moyens les plus efficaces pour organiser une propagande agissant constamment dans la sphère d'action du Comité. Sur tous ceux présentés et dont plusieurs étaient excellents et très-pratiques, aucun n'a été mis à l'essai.

Si vous m'en demandez la raison, je suis obligé de convenir

que c'est un peu notre faute à tous. Ainsi que je viens de vous le dire, la majeure partie de nos confrères habitent loin d'Ussel. Ils ne peuvent assister à nos séances périodiques. Malgré eux, ils se désintéressent peu à peu de l'Œuvre. Leur concours se borne à une cotisation et à quelques rares apparitions aux réunions générales.

Est-ce à dire pour cela qu'ils doivent, ou négliger leurs affaires personnelles, ou se retirer définitivement? Non ! vous ne le pensez pas. Seulement cette situation étant donnée, il faut aviser aux moyens de parer à ses inconvénients.

Selon moi, il est absolument nécessaire que bien qu'éloignés du Comité, ils soient toujours en relation avec lui, qu'ils soient tenus exactement au courant des décisions et des mesures prises; qu'au besoin, lorsque la chose en vaudra la peine, ils soient consultés et que leur réponse écrite ait voix délibérative dans nos séances.

Il faut que dans le milieu où ils sont appelés à vivre, ils s'occupent sans cesse à nous créer des adhérents, à nous procurer des recrues, à grouper autour d'eux les hommes vraiment chrétiens, à leur exposer les avantages sociaux et religieux de l'Œuvre et à les rallier à notre cause.

Nous pouvons affirmer dès à présent que, s'ils prennent au sérieux leur mission d'apôtre, que, s'ils s'imposent ainsi un travail sans relâche pour la prospérité de la France et le salut de la religion, notre succès est assuré.

L'époque du triomphe est inconnue, mais la victoire est certaine. Ainsi que me l'écrivait M. de Maisonfort, notre sous-chef de zone: « Semons, semons toujours, sans souci de savoir qui récoltera. »

Vous ne l'ignorez pas d'ailleurs, Messieurs, les plus belles palmes n'ont pas été décernées à ceux qui ont vu le triomphe de l'Église catholique. Ce sont les martyrs des premiers siècles qui les ont ramassées dans les arènes sanglantes du Colysée.

Nous n'avons pas à fonder notre religion, mais à la

défendre. Vous la voyez, attaquée de tous côtés avec une violence inouïe. Jamais peut-être, à aucune époque de l'Histoire, la lutte n'a été engagée aussi ouvertement et aussi habilement.

L'Eglise ne peut périr, c'est vrai, mais est-ce que nous refuserions de répondre à l'appel de Dieu qui nous choisit pour ses champions? Est-ce que nous, Français catholiques, nous voudrions laisser à d'autres la gloire d'avoir combattu pour le Christ?

Nous ignorons ce que nous réserve l'avenir, mais en ce moment que nous demande-t-on? De nous déclarer franchement catholiques et d'agir en catholiques, de nous ranger sans crainte sous le drapeau de l'Eglise qui flotte encore sur le dôme du Vatican, ombrageant à la fois les restes vénérés de l'immortel Pie IX et la gloire de son successeur, de nous souvenir que le martyr sublime, le vaillant Pontife qui dans une royauté de 32 ans a soutenu sans faiblir les efforts de la rage révolutionnaire, nous a appelés Armée de Dieu et qu'en mourant il a légué à l'auguste Léon XIII l'Œuvre des Cercles catholiques d'ouvriers comme un des plus fidèles soutiens de la Chaire de saint Pierre.

Si plus tard la haine de l'éternel ennemi de notre religion nous suscitait des dangers, et, disons le mot: si la persécution venait à sévir, ne redoutez rien, Dieu saura élever nos cœurs à la hauteur du péril.

Ce qui paraît impossible aujourd'hui à notre nature timorée et livrée à ses propres forces ne nous fera pas peur quand le moment sera venu. La grâce de Dieu est un puissant cordial pour les chrétiens résolus. Elle ne nous fera pas défaut si nous savons la mériter.

Ce n'est pas sans raison, Messieurs, que j'insiste sur la nécessité d'organiser la propagande. Elle est la vie de l'Œuvre, elle lui est aussi nécessaire que l'air que nous respirons.

Si nous localisons notre action, si nous bornons nos efforts à maintenir dans le *statu quo* notre petit Cercle d'ouvriers, nous n'aurons pas répondu aux besoins de l'Œuvre, aux vues de Dieu, et nous verrons sous peu se dissoudre dans nos mains notre entreprise avortée.

Il est donc urgent, Messieurs, de traiter cette question essentielle, trop négligée jusqu'à ce jour, et lorsque nous allons ouvrir la discussion, je vous demande qu'elle ait la priorité, afin que nous puissions y consacrer tout le temps nécessaire.

Avant de terminer, Messieurs, je crois devoir vous faire observer que plusieurs des mesures prises dans nos séances sont restées à l'état de lettre morte, entr'autres celle ayant pour objet de partager le travail du Comité en quatre sections.

Les sections ont bien été désignées ainsi que les membres qui devaient en faire partie, mais tout s'est borné là.

Je viens vous prier de revenir sur ces précédentes délibérations, et d'aviser cette fois au moyen de leur donner une suite utile.

Pas plus que vous, Messieurs, je ne me fais illusion sur les difficultés sans nombre qui surgiront dans l'accomplissement de notre Œuvre. Je sais très-bien que pour beaucoup d'entre vous, des considérations de toute nature, viendront comme autant d'entraves arrêter votre marche, neutraliser vos efforts, mais je vous connais aussi trop intelligents, pour ne pas savoir concilier vos intérêts avec ceux de la cause que vous êtes appelés à soutenir.

Tout ce que Dieu vous demande, c'est le possible ; il se charge du reste.